PATRONES

www.math2kids.com

Un ingenioso cuento que nos relata cómo en su escuela las unidades aprendieron a hacer patrones o series. Y como el Número Uno se hizo experto en hacer series.
Incluye una lección sobre la importancia de los patrones en nuestra vida y también cuenta con actividades para los niños.

De   RODOLFO VILLICANA

La maestra Mily nos dijo que el día de hoy íbamos a aprender a hacer patrones, utilizando figuras geométricas de colores.

El número Dos dijo que su papá tenía un "patrón" en su trabajo.

Y sonriendo la maestra Mily le respondió que ella no se refería a ese tipo de "patrón", sino a un patrón matemático. Es decir a una serie de eventos o cosas que se repiten siempre de una misma forma.

Nos dijo que un ejemplo de patrón es el día y la noche. Amanece un día y le sigue la noche, amanece otro día y le sigue otra noche,... Formándose así una serie interminable de: día, noche, día, noche, día, noche, día, noche, ...

A continuación, la maestra Mily nos dió unas figuras de colores y nos pidió que representáramos con esas figuras el patrón del día y la noche.

Como ninguno de nosotros sabíamos que hacer, Mily nos preguntó: " ¿ Cuál de estas figuras geométricas representa mejor a la luna ? ".
Y el número Ocho le contestó: el círculo blanco.
" ¡ Muy bien !", dijo Milly.

" ¿Y cuál figura puede representar mejor al sol ? ", y el número Tres dijo: el círculo amarillo.

" ¡ Excelente ! ", dijo Mily. " Sí el círculo amarillo va a representar al sol y el círculo blanco va a representar a la luna. ¿Cómo podemos hacer con estos círculos un patrón de día, noche, día, noche ? ".

Y todos nos pusimos a hacer una fila de círculos amarillos y blancos, siguiendo este orden :
círculo amarillo,   círculo blanco,   círculo amarillo, círculo blanco, círculo amarillo, círculo blanco ....

La maestra les dio cuadritos de colores a cada uno de mis compañeros y les pidió que hicieran con esos cuadritos un patrón.
Los cuadritos de colores se acabaron. Y por esa razón a mi me dio únicamente rectángulos rojos.

Con sus cuadritos de colores el número Dos hizo el
siguiente patrón:

2 cuadritos amarillos, 2 cuadritos verdes, 2
cuadritos amarillos, 2 cuadritos verdes.

El número Cinco, que es un poco chismoso, le dijo a la maestra que el patrón que hizo el número Dos estaba mal hecho. Pues había puesto 2 cuadritos del mismo color juntos.

Y de inmediato la maestra le dijo que el patrón que hizo el número Dos estaba bien.   Y que no importaba cuántos cuadritos del mismo color estuvieran juntos.

Que lo que importaba era que el patrón o secuencia se repitiera siempre de la misma manera.

El número Tres hizo un patrón de : 3 cuadritos verdes, 1 cuadrito negro, 3 cuadritos verdes, 1 cuadrito negro, 3 cuadritos verdes, 1 cuadrito negro.

El número Cuatro hizo un patrón de: 4 amarillos, 2 azules, 4 amarillos, 2 azules, 4 amarillos, 2 azules….

Todos mis compañeros hicieron patrones muy diferentes
con sus cuadritos de colores. Y a todos la maestra los
calificó con una carita feliz.
Cuando llegó mi turno de mostrar mi patrón, le dije a la
maestra que yo no había hecho ningún patrón porque
yo únicamente tenía rectángulos de un solo color.

Milly me dijo que no sólo de colores se podían hacer
patrones, que los patrones se podían hacer de muchas
formas.   Que había patrones con sonidos, patrones con
movimientos, patrones con figuras, patrones con números.
Que lo importante era que los elementos o cosas que forman
el patrón se repitan siempre de la misma manera.
Y Mily me dió más tiempo para que hiciera mi patrón.

Después de mucho pensar se me ocurrió hacer el siguiente patrón:

rectángulo vertical, rectángulo horizontal, rectángulo vertical, rectángulo horizontal, rectángulo vertical, rectángulo horizontal

Me gustó tanto hacer patrones que decidí hacer un segundo patrón diferente:

2 rectángulos verticales, 1 rectángulo horizontal, 2 rectángulos verticales, 1 rectángulo horizontal...

Cuando la maestra regresó para calificar mi trabajo, le gustó tanto que me puso 2 caritas felices, una por cada uno de mis trabajos.
Y yo me sentí un experto en hacer patrones.

Lección de Matemáticas

SOBRE LA IMPORTANCIA DE LOS
PATRONES EN NUESTRA VIDA

Qué es un patrón.
Un patrón es una serie de eventos o elementos que se repiten siempre exactamente de la misma forma. Un ejemplo muy conocido es el patrón interminable del día y la noche.
día, noche, día, noche, día, noche...

La naturaleza nos ofrece varios patrones diferentes como las estaciones del año, que se repiten siempre de la misma forma: primavera, verano, otoño , invierno, primavera, verano, otoño, invierno...

Otro patrón que nos ofrece la naturaleza es el ciclo del agua, el cual es vital para la vida en el planeta. El agua se evapora, se enfría, y regresa en forma de lluvia o nieve. Se evapora, enfría, llueve, se evapora, enfría, llueve…

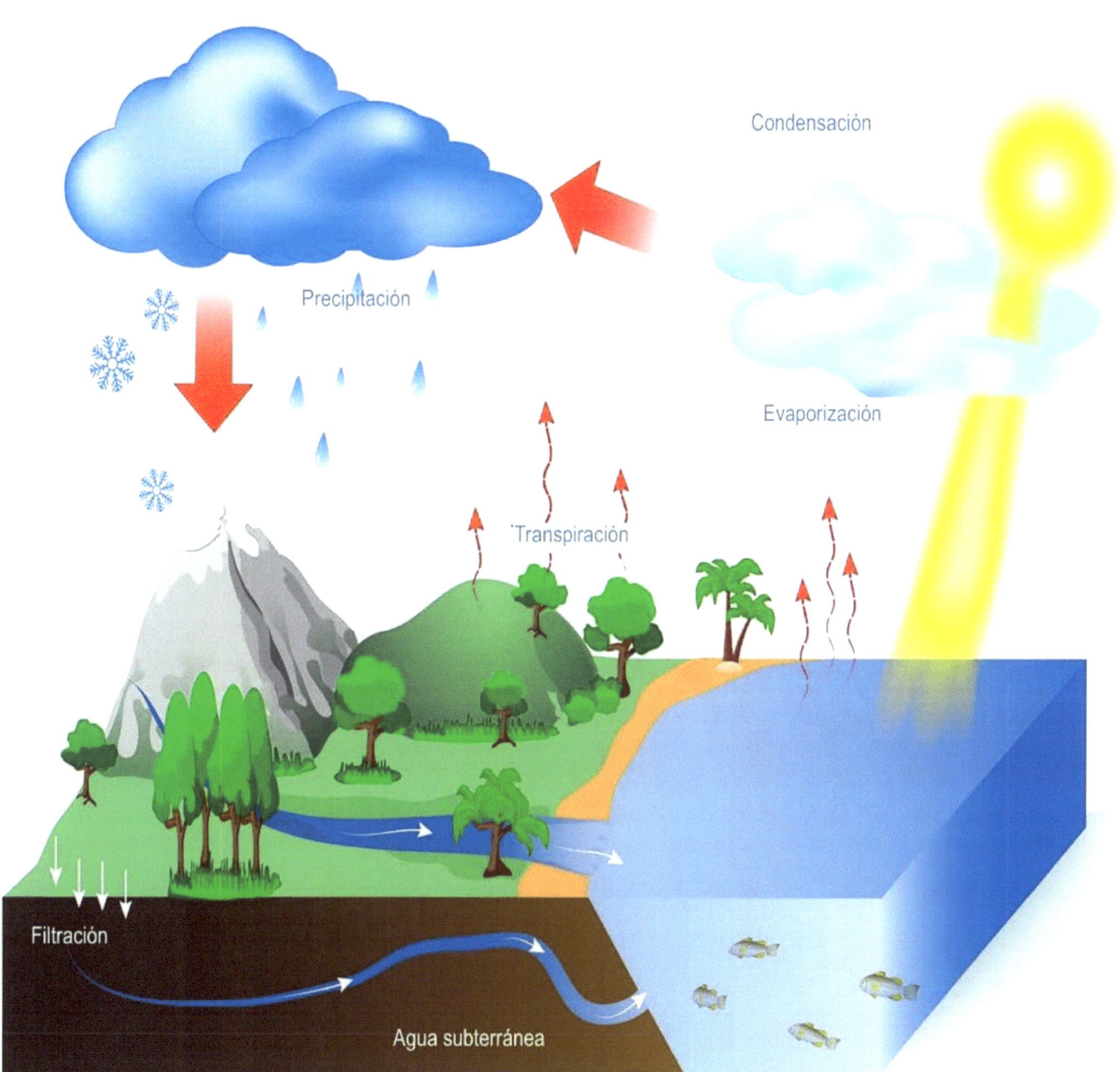

Los patrones de la naturaleza son muy importantes en la vida diaria de las personas. Por ejemplo conocer el patrón de las estaciones del año le permiten al hombre saber cuándo debe de cultivar para obtener los mejores resultados.

El hombre utiliza el patron del día y la noche para medir el tiempo. Por ejemplo cuántos días debe de salir el sol para que llegue Santa Claus

Los primeros en medir períodos más largos de tiempo fueron los Mesopotamios que descubrieron que la Luna tarda siempre 15 días de pasar de Luna Llena (que es cuando la Luna se ve más grande) a Luna Nueva (que es cuando la Luna no se ve) y que vuelven a transcurrir otros 15 días para que la Luna pase de Luna Nueva otra vez a Luna Llena.

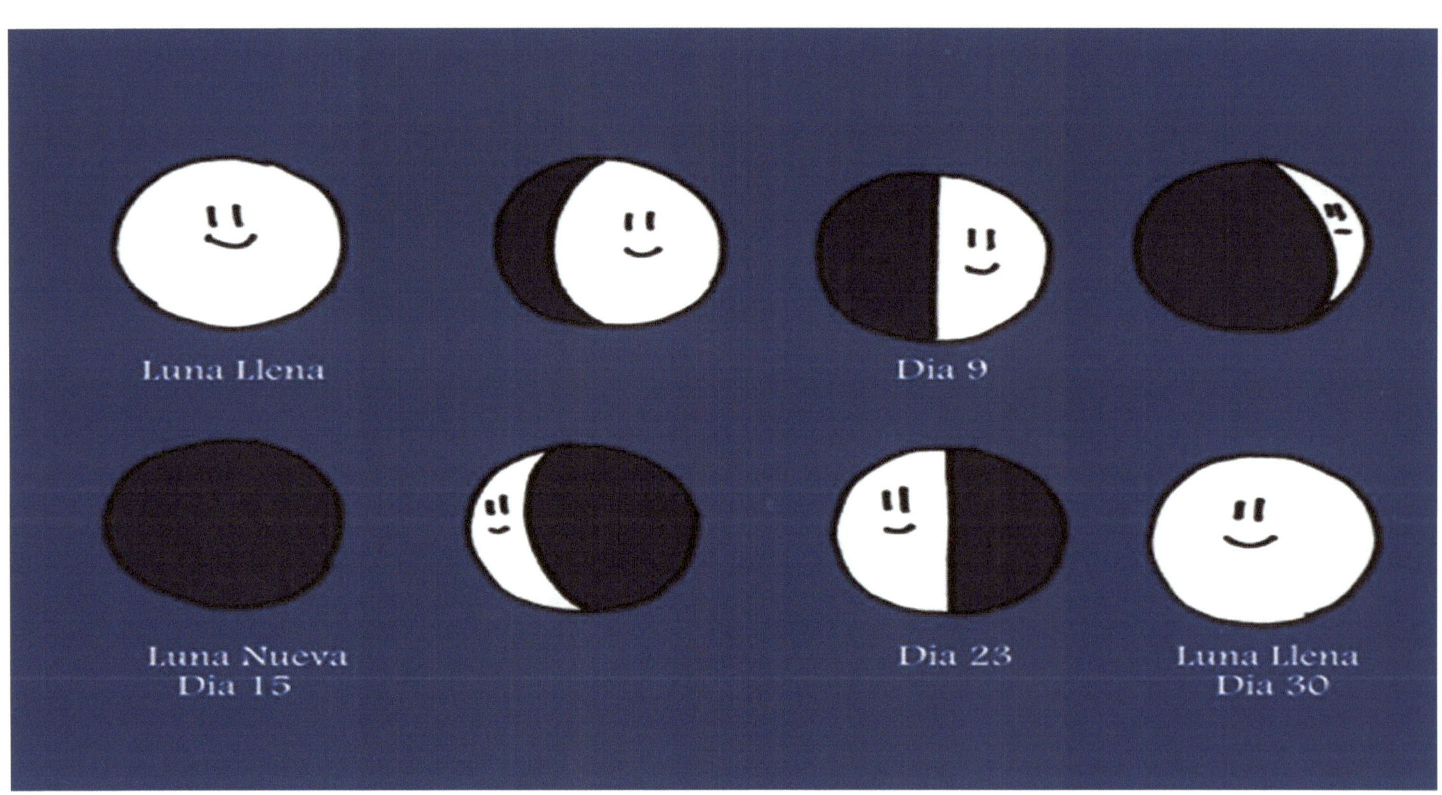

Los egipcios por la necesidad de saber cuándo tenían que cultivar sus tierras, inventaron 3,000 años antes de nuestra era el calendario solar. Este calendario está basado en el tiempo que tarda nuestro planeta en dar una vuelta completa alrededor del Sol. Patrón que se repite igual cada año.

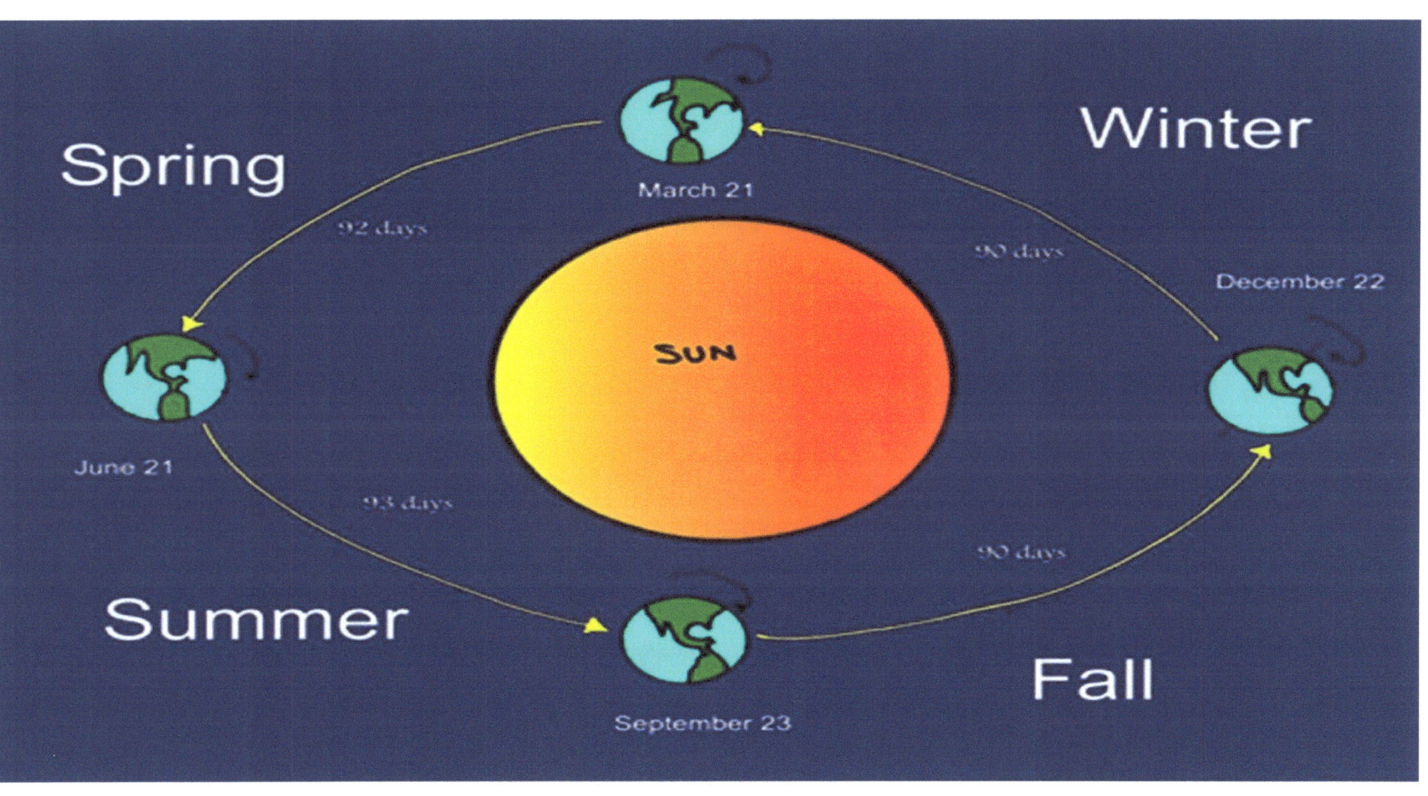

Los romanos dividieron el calendario egipcio de 365 días en 12 calendarios basados en los ciclos de la luna, al que llamaron meses.

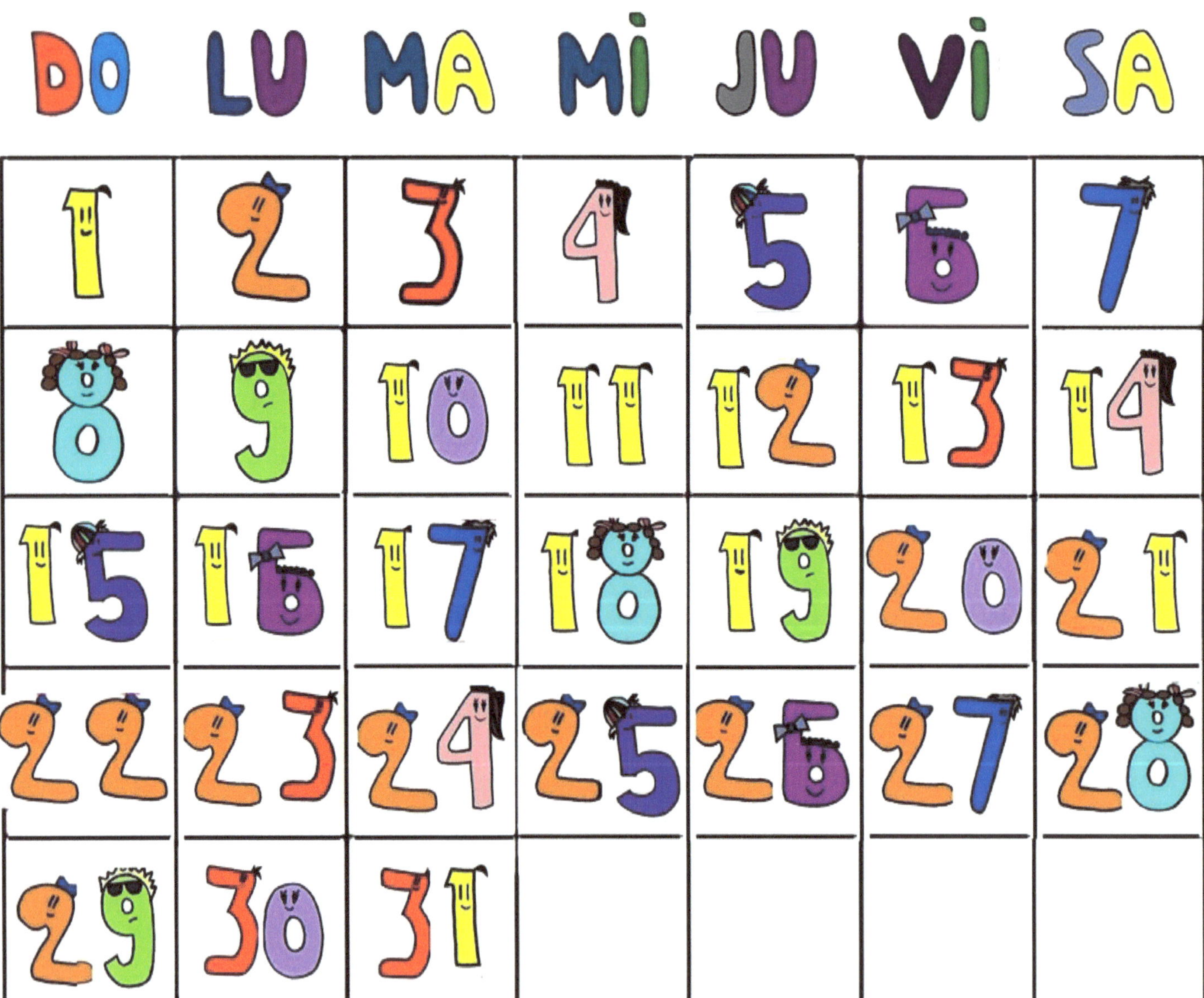

Ciento de años después, los Romanos para poder medir períodos más cortos de tiempo inventaron los días de la semana, patrón de tiempo que se repite siempre igual. Domingo, Lunes, Martes, Miércoles, Jueves, Viernes, Sábado, Domingo, Lunes, Martes, Miércoles, Jueves, Viernes, Sábado…..

Para poder organizarse mejor y llegar al mismo tiempo a sus citas, el hombre necesitaba medir períodos más cortos de tiempo, menores a un día. Para poder hacerlo dividió el día solar en 24 períodos más cortos de tiempo al que llamó horas, y las horas las dividió en 60 períodos aún más cortos de tiempo, al que llamó minutos. Y para poder medirlos inventó el reloj. El reloj es un patron interminable que cuenta los minutos y las horas.

Con la medición del tiempo el hombre ha creado otro tipo de patrones de comportamiento a los que llamamos hábitos, que son actividades que repetimos una y otra vez de la misma forma todos los días. Como la hora en que debemos levantarnos para llegar a tiempo a la escuela.

Los patrones nos ayudan a realizar mejor nuestras actividades, otro tipo de patrón o hábito que realizamos igual todos los días es el que hacemos para ir a la escuela: nos levantamos, nos lavamos los dientes, nos bañamos, desayunamos y nos vamos a la escuela.

En la escuela también seguimos patrones que nos enseña la maestra, y que nos ayudan para aprender mejor. A este tipo de patrón lo llamamos horario de actividades.

El hombre ha inventado muchos tipos de patrones: patrones de sonidos que llamamos música, patrones de movimientos como los juegos mecánicos, patrones que tanto nos gustan.

Sin embargo el patron más importante que ha inventado el hombre son los números, ya que siguiendo un patrón , con solo 10 signos diferentes puede crear tantos números como para poder contar todos los granos de arena del desierto y todas las estrellas del universo.

Actividades que podemos realizar después de contar el cuento.

Actividad 1.

Saque copias de la siguiente hoja, pídales a sus alumnos que coloreen y recorten las figuras geométricas que se encuentran en la siguiente hoja. Y que peguen esas figuras en una hoja en blanco para formar 2 patrones de figuras diferentes.

Actividad 3.

Saque copias del reloj y pídales a sus alumnos que les agreguen los números y que dibujen las manecillas del reloj indicando la hora que se levantan para ir a la escuela

Actividad 2.

Saque copias de las siguientes hojas y pídale a sus alumnos que completen los patrones o series .

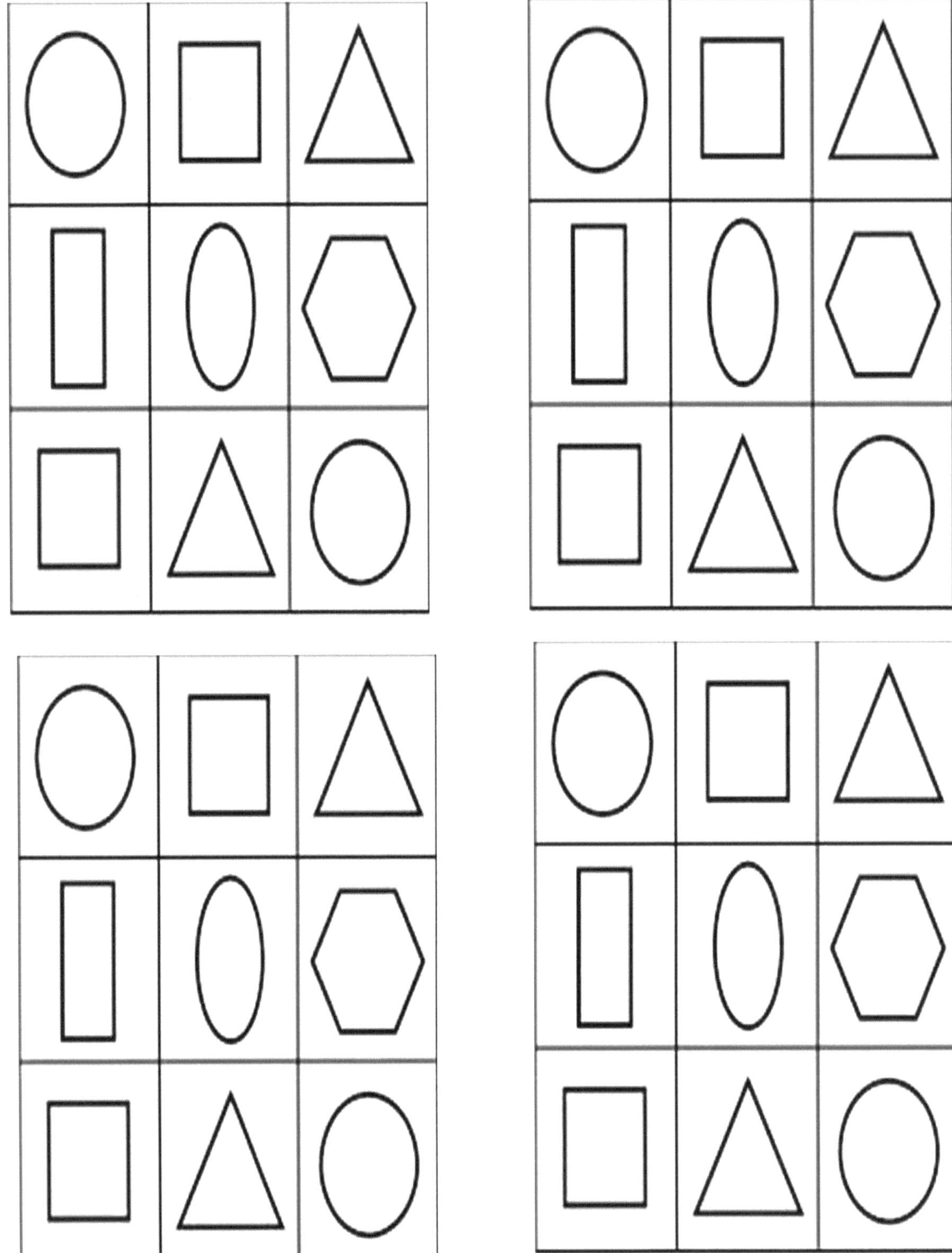

1	2		4	5	6	7		9	
11		13	14			17	18	19	20
21	22	23		25	26		28		30
	32	33	34		36	37	38	39	
41	42		44	45		47		49	50
	52	53		55	56		58	59	60
61		63	64		66	67	68		70
	72	73	74	75	76	77		79	
81	82		84	85		87	88		90
	92	93	94	95	96		98	99	

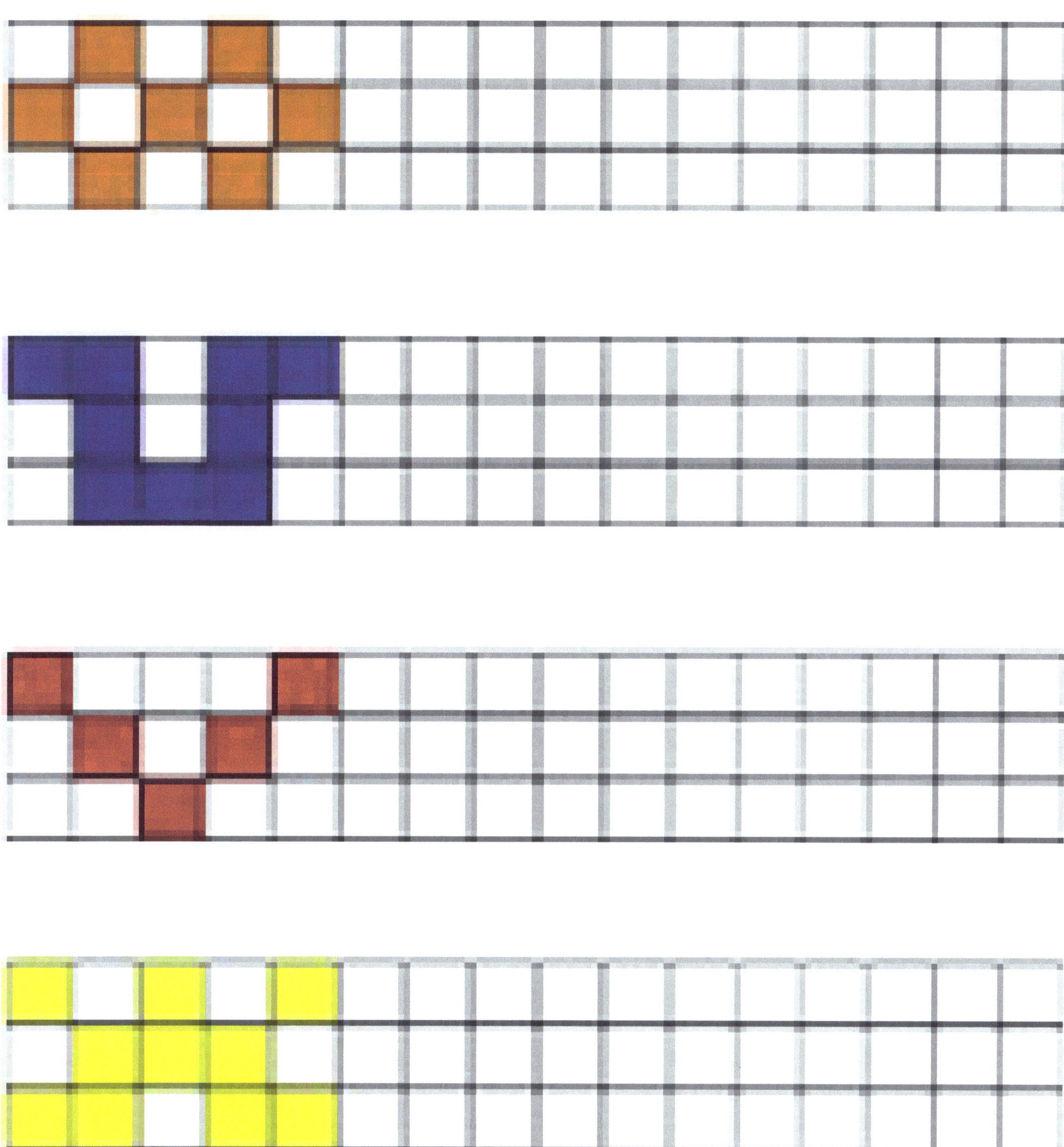

Otros cuentos de Matemáticas de la colección de **Math** 2 kids